치매 예방을 위한

오늘도 재밌는 뇌운동 스티커 240

2

도서
출판 큰그림

　우리나라 75세 이상의 인구 중 평균 4개 이상의 만성질환을 갖고 있는 분들이 많습니다. 노인의 경우 통증과 피로감으로 걱정이 많기 때문에 신체증상장애(정신 활동, 심리 상태와 관련하여 발생하게 되는 신체 증세)가 흔히 일어날 수도 있습니다. 그리고 치매, 요실금, 영양 실조, 수면장애 등 여러 질병에 노출될 수도 있습니다.

　지금은 100세 시대입니다. 조금 더 건강한 삶을 살 수 있도록 매일 아침 가벼운 운동인 '보훈공단이 알려주는 치매예방을 위한 **3분 건강체조**'로 몸을 깨워 주세요.

　그리고 **「오늘도 재밌는 뇌운동」**으로 매일 쉽고 재밌는 문제도 풀고 숨은 그림도 찾으면서 두뇌를 움직여 주세요. 건강을 유지하는 방법은 여러 가지가 있겠지만 위와 같은 꾸준한 움직임은 여러분 몸에 도움을 줄 수 있습니다.

큰그림 편집부 올림

이 책을 보는 법

❶ 매일 6~9쪽의 체조를 따라 합니다.

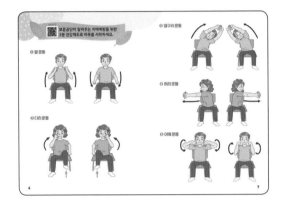

❷ 매일 네 쪽의 문제를 풀어 봅니다.

❸ 정답을 맞추고 넷째 쪽 하단의 '오늘의 기록'에 날짜와 사인을 적어 주세요.

❹ 「스티커 붙이기」 코너에서는 책 뒤에서 같은 숫자가 적힌 색깔 스티커를 준비한 후 알맞은 도형을 찾아 칸에 붙여 주면 완성됩니다.

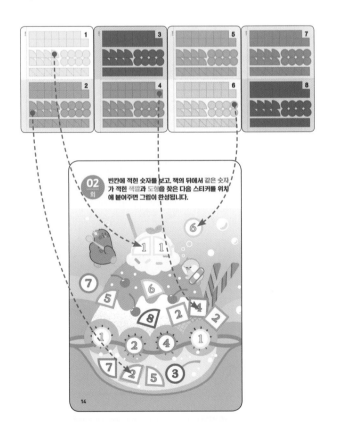

차례

매일매일
3분 건강체조
따라하기
6

— 01회 —
숨은그림찾기
단군 신화
10

— 02회 —
스티커
붙이기
14

— 03회 —
숨은그림찾기
토끼전
18

— 04회 —
스티커
붙이기
22

— 05회 —
숨은그림찾기
흥부전
26

— 06회 —
스티커
붙이기
30

— 07회 —
숨은그림찾기
해와 달이 된 오누이
34

— 08회 —
스티커
붙이기
38

— 09회 —
숨은그림찾기
춘향전
42

— 10회 —
스티커
붙이기
46

— 11회 —
숨은그림찾기
금도끼 은도끼
50

— 12회 —
스티커
붙이기
54

— 13회 —
숨은그림찾기
콩쥐팥쥐
58

— 14회 —
스티커
붙이기
62

— 15회 —
숨은그림찾기
심청전
66

— 16회 —
스티커
붙이기
70

— 17회 —
숨은그림찾기
자린고비
74

— 18회 —
스티커
붙이기
78

— 19회 —
숨은그림찾기
견우와 직녀
82

— 20회 —
스티커
붙이기
86

정답
92

보훈공단이 알려주는 치매예방을 위한
3분 건강체조로 하루를 시작하세요.

❶ 팔 운동

❷ 다리 운동

❸ 옆구리 운동

❹ 허리 운동

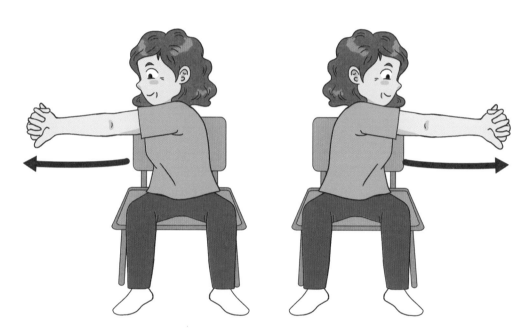

❺ 어깨 운동

❻ 목운동

❼ 발박수

❽ 배치기

❾ 기지개 켜기

⑩ 발장구치기

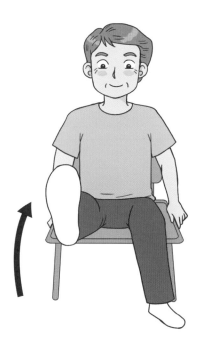 

⑪ 손가락 운동

⑫ 숨쉬기 운동

고조선을 건국한 단군 신화 그림입니다.
숨은 그림 8개를 찾아 보세요.

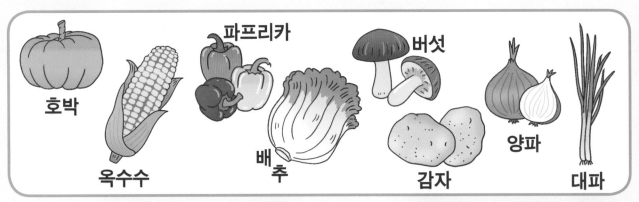

호박
옥수수
파프리카
배추
버섯
감자
양파
대파

○ 음료 팩의 색과 색이름이 일치하는 것(10개)을 골라 동그라미
쳐 보세요.

○ 정류장에 버스가 도착할 때마다 사람들이 타고(+) 내립니다(−). 수에 맞게 셈을 완성하세요.

○ 초성(첫소리) 글자를 보고 옷의 이름을 써 보세요.

보기	ㅊ ㅂ ㅈ → 청바지

ㅈ ㄱ ㄹ → _____

ㄷ ㄹ ㅁ ㄱ → _____

ㅇ ㅍ ㅅ → _____

ㅇ ㄷ ㄷ ㄹ ㅅ → _____

ㅇ ㅇ ㅅ ㅊ → _____

정답은 92쪽에 있습니다.

01 회	오늘의 기록

오늘 날짜	매일 3분 운동을 했나요?(6~9쪽)	틀린 문제 확인했나요?	내 사인
년 월 일			

빈칸에 적힌 숫자를 보고, 책의 뒤에서 같은
숫자가 적힌 색깔과 도형의 스티커를 찾은
다음 위치에 붙여 주면 그림이 완성됩니다.

○ 점선의 글자를 따라 쓴 후, 가로 열쇠의 뜻을 보고 가로로 답하고, 세로 열쇠의 뜻을 보고 세로로 답을 해 십자말을 풀어 보세요.

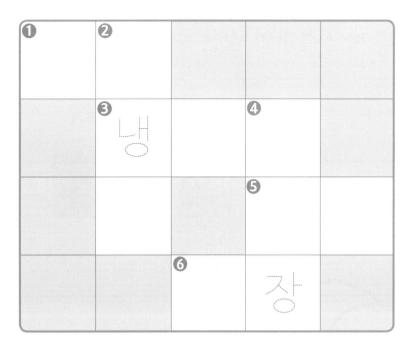

➡️ 가 로 열 쇠

❶ 남에게 선사하는 어떤 물건

❸ 식품 등을 차게 하여 부패하지 않도록 저온 보관하는 기계 장치

❺ 음력 8월 15일. 햅쌀로 송편을 빚고 햇과일 따위의 음식을 장만하여 차례를 지내는 날 (≒ 한가위)

❻ 겨우내 먹기 위해 김치를 한꺼번에 많이 담그는 일

⬇️ 세 로 열 쇠

❷ 육수에 냉면을 말고 편육, 고명 등을 얹어 겨자와 식초를 쳐서 먹는 음식

❹ 쌀과 보리로 질게 지은 밥이나 떡가루 또는 되게 쑨 죽에 메줏가루, 고춧가루, 소금을 넣어 섞어서 만든 붉은 빛깔의 매운 장

○ 계산 결과와 같은 수의 색으로 칠해 주세요.

◎ 〈보기〉와 같은 그림을 찾아 보세요. (   )

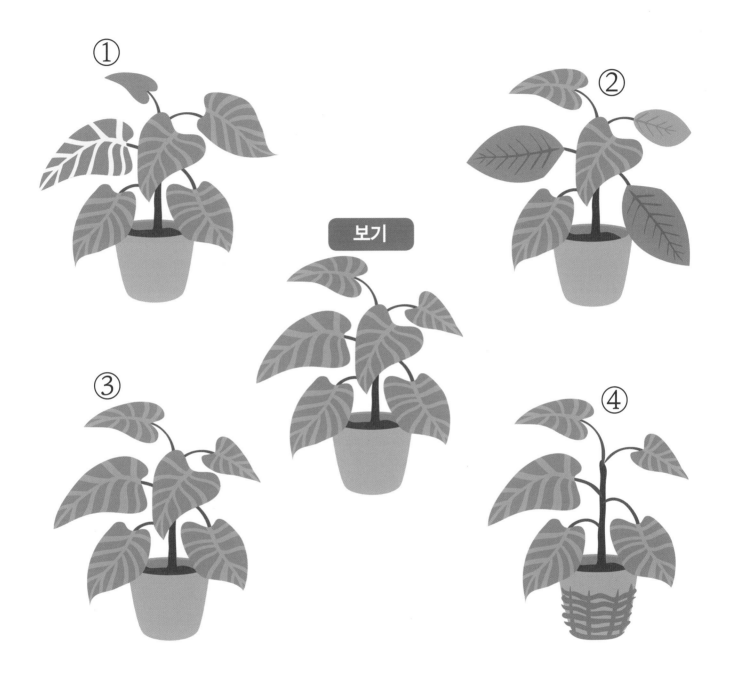

① ② 보기 ③ ④

오늘 날짜	매일 3분 운동을 했나요?(6~9쪽)	틀린 문제 확인했나요?	내 사인
년 월 일			

별주부전으로 잘 알려져 있는 **토끼전** 그림입니다. 숨은 그림 **8**개를 찾아 보세요.

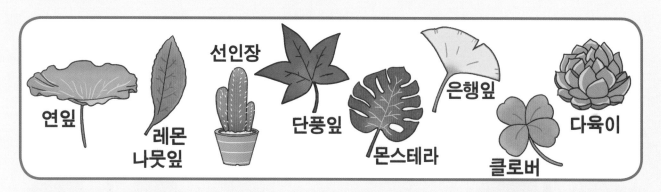

연잎　레몬 나뭇잎　선인장　단풍잎　몬스테라　은행잎　클로버　다육이

○ **빈칸에 알맞은 숫자와 사칙 연산 기호(+, −, ×, ÷)를 넣어 보세요.**

	+	7	=	12				10	+	15	=	
+								×				÷
9				4								5
=				=				=				=
14		11	=	3		17	=	20	÷	4	=	
+				+				÷				+
												7
=				=				=				=
20	−	4	=		÷	4	=	4	×		=	12
								×				+
								7				
								=				=
									−	14	=	14
								÷				÷
								2				
								=				=
								14		7	=	7

○ 윤동주의 「반딧불」을 소리 내어 읽고
천천히 따라 써 보세요.

가자 가자 가자
숲으로 가자
달 조각을 주우러
숲으로 가자.

그믐밤 반딧불은
부서진 달 조각,

가자 가자 가자
숲으로 가자
달 조각 주우러
숲으로 가자.

오늘 날짜	매일 3분 운동을 했나요?(6~9쪽)	틀린 문제 확인했나요?	내 사인
년 월 일			

빈칸에 적힌 숫자를 보고, 책의 뒤에서 같은 숫자가 적힌 색깔과 도형의 스티커를 찾은 다음 위치에 붙여 주면 그림이 완성됩니다.

○ 왼쪽 그림에 들어갈 조각을 찾아 선으로 연결하세요.

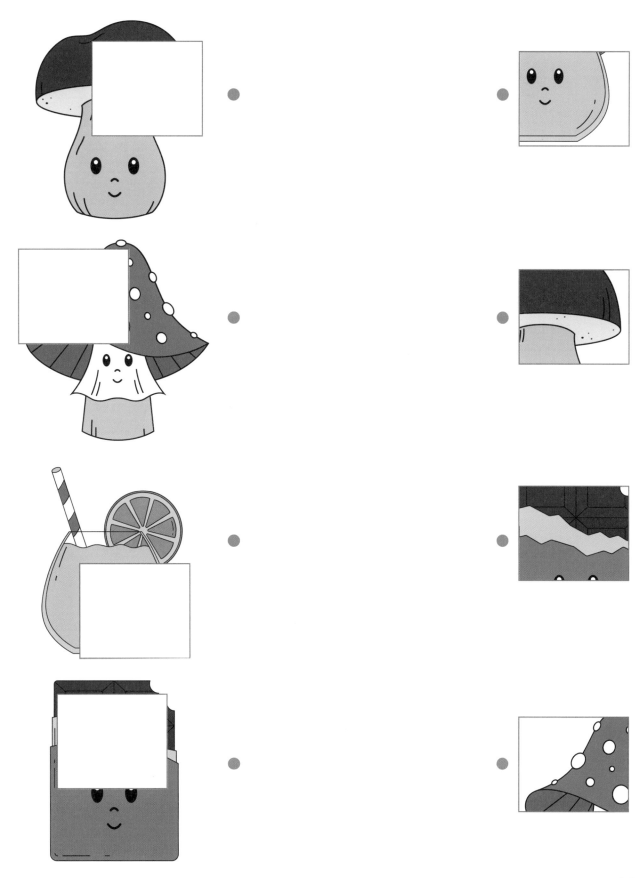

○ 끝말잇기를 해 보세요.

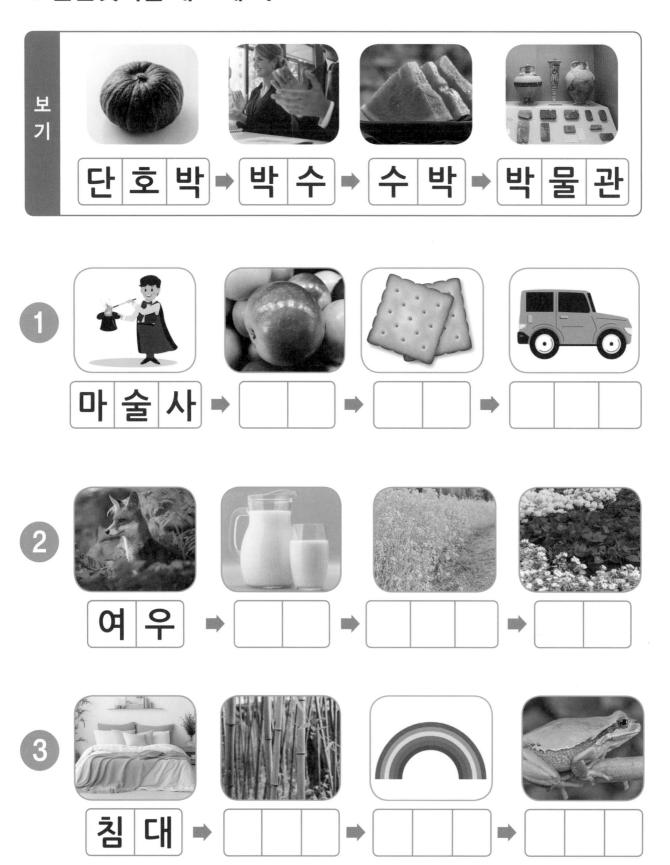

보기

단 호 박 ➜ 박 수 ➜ 수 박 ➜ 박 물 관

1 마 술 사 ➜ ☐ ☐ ➜ ☐ ☐ ➜ ☐ ☐

2 여 우 ➜ ☐ ☐ ➜ ☐ ☐ ➜ ☐ ☐

3 침 대 ➜ ☐ ☐ ☐ ➜ ☐ ☐ ☐ ➜ ☐ ☐ ☐

○ 판다 얼굴입니다. 나머지 반쪽을 그려 완성해 주세요.

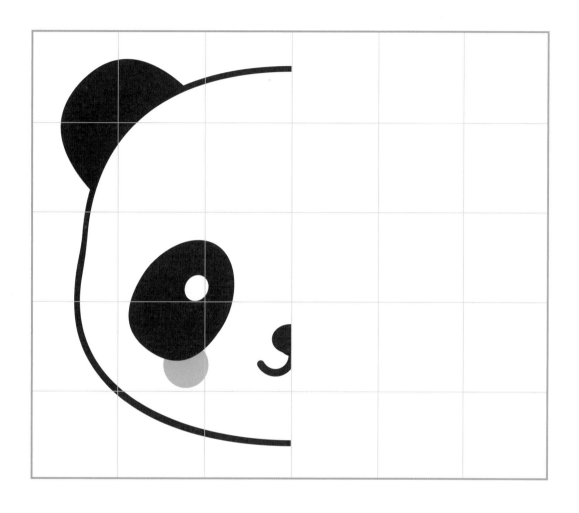

정답은 **95**쪽에 있습니다.

04 회	오늘의 기록

오늘 날짜	매일 3분 운동을 했나요?(6~9쪽)	틀린 문제 확인했나요?	내 사인
년 월 일			

욕심 많은 형 놀부와 가난하지만 착한 동생
흥부 이야기의 흥부전입니다.
숨은 그림 8개를 찾아 보세요.

변기 / 샤워기 / 샴푸 / 비누 / 휴지 / 빗 / 칫솔 / 수건

○ 좌우가 바뀐 한글을 바르게 다시 써 주세요.

1. 할머니 → [ ][ ][ ]

2. 초등학교 → [ ][ ][ ][ ]

3. 물고기 → [ ][ ][ ]

4. 머리카락 → [ ][ ][ ][ ]

5. 테이프 → [ ][ ][ ]

6. 교과서 → [ ][ ][ ]

7. 자금콩 → [ ][ ][ ]

8. 임플란트 → [ ][ ][ ][ ]

○ 같은 모양의 물고기를 세고, 몇 개씩인지 숫자를 써 주세요.

(　　　)개	(　　　)개	(　　　)개	(　　　)개

(　　　)개	(　　　)개	(　　　)개	(　　　)개

○ 공주가 왕자를 만날 수 있도록 길을 찾아 주세요.

출발 →

도착

정답은 **96**쪽에 있습니다.

05
회   오늘의 기록

오늘 날짜	매일 3분 운동을 했나요?(6~9쪽)	틀린 문제 확인했나요?	내 사인
년 월 일			

06
회

빈칸에 적힌 숫자를 보고, 책의 뒤에서 같은 숫자가 적힌 색깔과 도형의 스티커를 찾은 다음 위치에 붙여 주면 그림이 완성됩니다.

○ 점선의 글자를 따라 쓴 후, 가로 열쇠의 뜻을 보고 가로로 답하고, 세로 열쇠의 뜻을 보고 세로로 답을 해 십자말을 풀어 보세요.

		❶❷		❸ 스
❹❺ 나				

⮕ 가 로 열 쇠

❶ 돈을 받고 남의 빨래나 다림질 따위를 해 주는 곳

❹ 나루와 나루 사이를 오가며 사람이나 짐 따위를 실어 나르는 작은 배

⬇ 세 로 열 쇠

❷ 섣달그믐이나 정초에 웃어른께 인사로 하는 절

❸ 학교 등에서 자연 관찰 또는 유적 따위의 견학을 위해 야외로 ○○을 갔다 옵니다.

❺ 무를 얄팍하고 네모지게 썰어 절인 다음, 고추·파·마늘·미나리 따위를 넣고 국물을 부어 담근 김치

○ 뒤죽박죽되어 있는 단어를 순서에 맞춰 알맞은 단어로 써 보세요.

| 보기 | 한민대국 → 대한민국 |

1. 크이아림스 → _____

2. 여휴가름 → _____

3. 플인애파 → _____

4. 연직퇴금 → _____

5. 제가품전 → _____

6. 리카파프 → _____

7. 하충초동 → _____

⊙ 각 그림의 그림자를 선으로 연결해 주세요.

06 **회** 오늘의 기록

정답은 **97**쪽에 있습니다.

오늘 날짜	매일 3분 운동을 했나요?(6~9쪽)	틀린 문제 확인했나요?	내 사인
년 월 일			

07
회

해와 달이 된 오누이 이야기입니다.
숨은 그림 **8**개를 찾아 보세요.

| 젤리(구미) | 우유 | 보리차 | 컵라면 | 스낵 | 아이스크림 | 삼각김밥 | 바나나향 우유 |

○ 1번(◉) 부터 40번(◎)까지 순서대로 점을 이어 그림을 완성해 보세요.

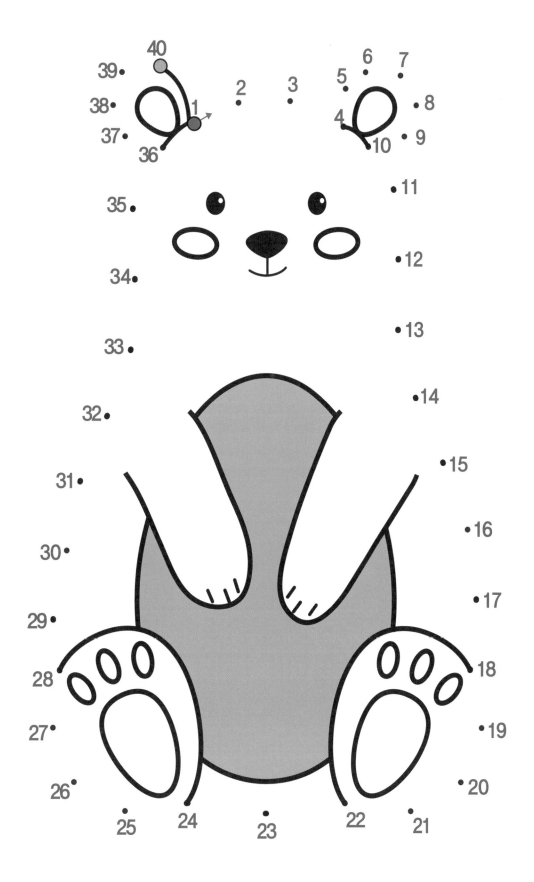

◯ ( ) 안에 알맞은 단어를 넣어 속담을 완성하세요.

> **보기**
>
> 찰떡같이 믿고 있던 사람에게 어처구니없이 배신을 당함.
>
> **믿는 (도끼)에 발등 찍힌다.**

1 지난 일은 생각지 못하고 처음부터 그랬던 것처럼 잘난 체한 다는 뜻을 갖고 있습니다.

개구리 (   ) 적 생각 못 한다.

2 힘들고 어려운 처지의 사람에게도 좋은 날은 옵니다.

(   )구멍에도 (   ) 들 날 있다.

3 절망적일 때 또는 막막할 때라도 살아갈 방도가 생길 거라는 희망을 주는 속담입니다.

하늘이 무너져도 솟아날 (   )이 있다.

4 어떤 분야에 아는 것이 없는 사람이라도 그 분야에 오래 있으 면 어느 정도 지식과 경험을 가질 수 있다는 말입니다.

서당 개 삼 년이면 (   )을 읊는다.

5 강한 사람들이 다투는 곳에서 약한 사람이 할 일 없이 그 사이 에 끼어서 괜한 피해를 입는다는 속담입니다.

(   ) 싸움에 (   ) 등 터진다.

○ **각 번호에 해당하는 색으로 칠해 주세요.**

08
회

빈칸에 적힌 숫자를 보고, 책의 뒤에서 같은
숫자가 적힌 색깔과 도형의 스티커를 찾은
다음 위치에 붙여 주면 그림이 완성됩니다.

○ 빈칸에 알맞은 숫자와 사칙 연산 기호(+, −, ×, ÷)를 넣어
  보세요.

	×	4	=	12				8	÷		=	4
+				÷				+				+
8				2				10				4
=				=				=				=
11		5	=		×	3	=		−	10	=	
×				+				−				×
3				14				14				2
=				=				=				=
	−	13	=	20	÷	5	=		×	4	=	
				−				×				
								5				
				=				=				
	×	5	=	10	×	2	=					
+				+								
17												
=				=								
	−	4	=	15								

39

○ 사진이 나타내는 단어를 써 주세요. 그리고 사진의 재료를 합하여 요리하면 어떤 음식이 되는지 써 주세요.

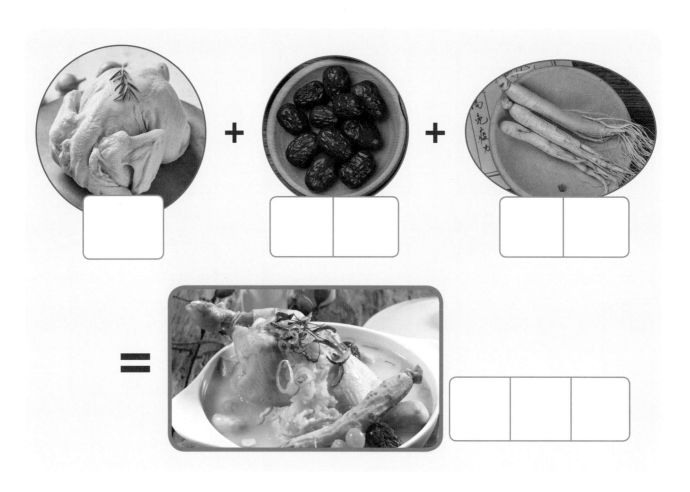

약불에
녹이기

베이킹 소다
한 꼬집

○ 각 그림의 그림자를 선으로 연결해 주세요.

08회 오늘의 기록			정답은 99쪽에 있습니다.
오늘 날짜	매일 3분 운동을 했나요?(6~9쪽)	틀린 문제 확인했나요?	내 사인
년 월 일			

41

이몽룡과 성춘향의 사랑 이야기인 고전 소설 춘향전입니다. 숨은 그림 8개를 찾아 보세요.

바지 | 반팔옷 | 핸드백 | 치마 | 조끼 | 양말 | 모자 | 파우치

○ **잡채 재료를 사기 위해 마트에 갔습니다. 아래 그림의 가격을 보고 문제를 풀어 보세요.**

당면 1봉지 : 4,000원

양파 1개 : 500원

당근 1개 : 900원

시금치 1단
1,200원

표고버섯 100g :
4,000원

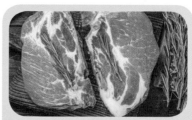

돼지고기 등심 100g :
3,000원

문제 1 마트에서 당면 1봉지와 양파 2개, 그리고 당근 2개를 샀습니다. 모두 얼마인가요?

(　　　　　　　　　　　　　　　　 원)

문제 2 시금치 1단과 표고버섯 200g을 샀습니다.
모두 얼마인가요?

(　　　　　　　　　　　　 원)

문제 3 돼지고기는 등심으로 일부는 구워먹고 일부는 잡채에 넣으려고 1근을 샀습니다. 얼마인가요? (돼지고기 600g을 1근으로 계산합니다.)

(　　　　　　　　　 원)

43

○ 나머지 반쪽을 찾아 선을 이어 주세요.

◎ 〈보기〉 그림의 그림자를 찾아 보세요. (   )

①

보기

②

③

④

빈칸에 적힌 숫자를 보고, 책의 뒤에서 같은 숫자가 적힌 색깔과 도형의 스티커를 찾은 다음 위치에 붙여 주면 그림이 완성됩니다.

○ 빈칸에 규칙에 알맞은 숫자를 쓰세요.

○ **김영랑의 「돌담에 속삭이는 햇발」을 소리 내어 읽고 천천히 따라 써 보세요.**

돌담에 속삭이는 햇발같이

풀 아래 웃음짓는 샘물같이

내 마음 고요히 고운 봄 길 위에

오늘 하루 하늘을 우러르고 싶다

새악시 볼에 떠오는 부끄럼같이

시의 가슴 살포시 젖는 물결같이

보드레한 에메랄드 얇게 흐르는

실비단 하늘을 바라보고 싶다

정답은 **101**쪽에 있습니다.

10
회 **오늘의 기록**

오늘 날짜	매일 3분 운동을 했나요?(6~9쪽)	틀린 문제 확인했나요?	내 사인
년 월 일			

정직한 나무꾼의 이야기 금도끼 은도끼 입니다. 숨은 그림 8개를 찾아 보세요.

목 안마기
태블릿
냉커피
맥주
비트코인
계산기
조각 케이크
텀블러

○ 표 안에 숨어 있는 단어를 찾아서 아래의 빈칸에 써 보세요.

노	트	봉	서	회	망	지
봉	평	치	원	창	촌	게
초	방	연	흑	북	정	안
가	중	진	재	봉	틀	갈
집	석	당	곡	월	암	장
성	천	가	마	니	등	상

찾은 단어

❶ ❷ ❸ ❹

1.	2.
3.	4.

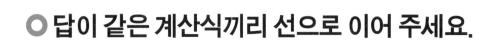

○ 답이 같은 계산식끼리 선으로 이어 주세요.

보기 **18 + 7 =** 25 •

15 − 9 = ⬜ •

30 + 6 = ⬜ •

18 − 4 = ⬜ •

6 × 5 = ⬜ •

2 + 2 = ⬜ •

4 × 2 = ⬜ •

15 + 9 = ⬜ •

16 − 9 = ⬜ •

• **6 × 6 =** ⬜

• **7 × 2 =** ⬜

• **12 ÷ 2 =** ⬜

• **5 × 5 =** 25

• **16 ÷ 4 =** ⬜

• **16 − 8 =** ⬜

• **49 ÷ 7 =** ⬜

• **10 × 3 =** ⬜

• **12 × 2 =** ⬜

○ 초성(첫소리) 글자를 보고 메뉴의 이름을 써 보세요.

| 보기 | ㅇㄴㄱㅂ | → | 양념갈비 |

ㅈㅇㅂㅇ → _____

ㄱㅂㅉ → _____

ㅂㅂㄴㅁ → _____

ㄱㅊㅉㄱ → _____

ㄱㅈㄱㅈ → _____

정답은 102쪽에 있습니다.

11 회 오늘의 기록

오늘 날짜	매일 3분 운동을 했나요?(6~9쪽)	틀린 문제 확인했나요?	내 사인
년 월 일			

빈칸에 적힌 숫자를 보고, 책의 뒤에서 같은 숫자가 적힌 색깔과 도형의 스티커를 찾은 다음 위치에 붙여 주면 그림이 완성됩니다.

○ 물감의 색과 색이름이 일치하는 것(10개)을 골라 동그라미 쳐 주세요.

○ 건물의 불이 켜져 있는 방과 불이 꺼져 있는 방을 세어 숫자
를 써 주세요.

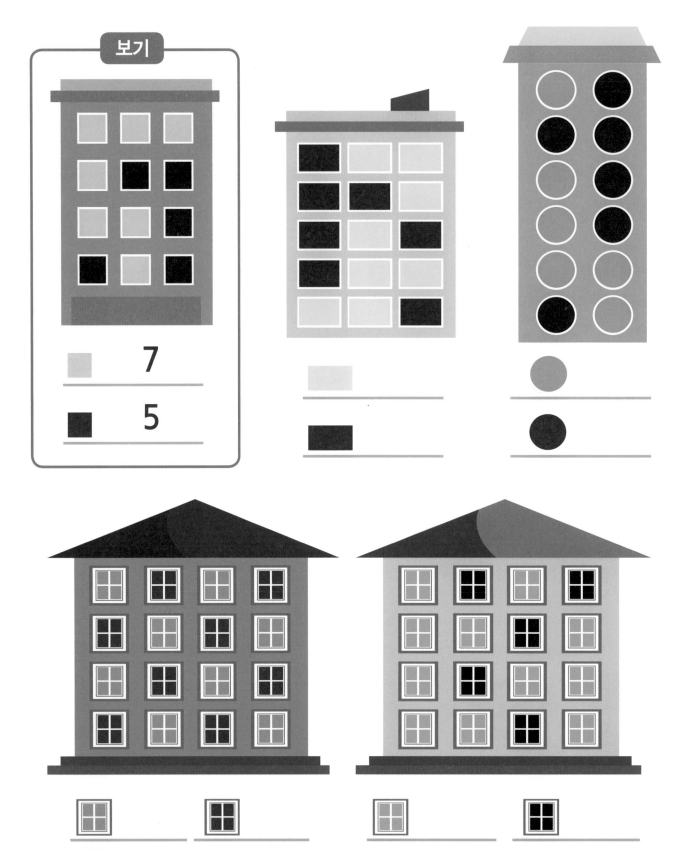

○ 〈보기〉와 같은 그림을 찾아 보세요. (   )

①

②

③

④

권선징악의 대표 고전 소설 **콩쥐팥쥐**입니다.
숨은 그림 **8**개를 찾아 보세요.

폭죽
와인 잔
케이크
샴페인
고깔모자
초
풍선
생일 카드

○ 각 번호에 해당하는 색으로 칠해 주세요.

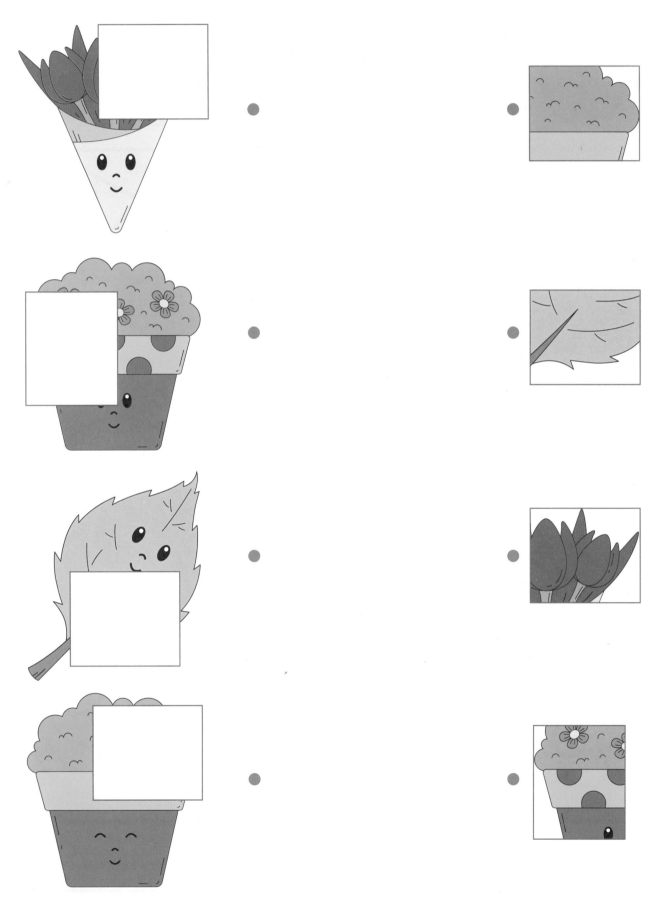

○ ( ) 안에 알맞은 단어를 넣어 속담을 완성하세요.

보기	공교롭게 안 좋은 일이 생겼을 때 **가는 날이 (장날) 이다.**

1 자기에게 큰 결점이 있는데도 상대편의 작은 결점을 흉보는 사람을 일컫는다.

( ) 묻은 개가 ( ) 묻은 개 나무란다

2 자식을 많이 둔 부모는 자식을 위하는 걱정이 그치질 않는다는 말

( ) 많은 나무에 ( ) 잘 날이 없다

3 내 사정이 급해서 다른 사람에게 신경을 쓸 수 없을 때

내 ( )가 석 자

4 매우 간단하고 쉬운 일을 비유하는 말

누워서 ( ) 먹기

빈칸에 적힌 숫자를 보고, 책의 뒤에서 같은 숫자가 적힌 색깔과 도형의 스티커를 찾은 다음 위치에 붙여 주면 그림이 완성됩니다.

◯ **점선의 글자를 따라 쓴 후, 가로 열쇠의 뜻을 보고 가로로 답하고, 세로 열쇠의 뜻을 보고 세로로 답을 해 십자말을 풀어 보세요.**

			❶❷ 입		❸ 식
	❹❺		길		
❻					

➡️ **가 로 열 쇠**

❶ 입학할 때에 신입생을 모아 놓고 하는 의식

❹ 고향으로 돌아가거나 돌아오는 길 (≒ 귀성길)

❻ 아이나 새끼를 뱀.

⬇️ **세 로 열 쇠**

❷ 입춘을 맞이하여 길운을 기원하며 벽이나 문짝 따위에 써 붙이는 글귀

❸ 음식을 만드는 데 쓰는 기름

❺ 사람이 죽은 뒤에 남는다는 넋 (예 ○○ 씻나락 까먹는 소리)

63

○ 우리 집에서 손주 유치원을 지나 병원까지 가는 데 걸리는 시간은 다음과 같습니다. 우리 집에서 <u>오후 2시 30분</u>에 출발했다면 병원에 도착한 시각은 몇 시 몇 분인지 시각을 적고 시곗바늘을 그려 주세요.

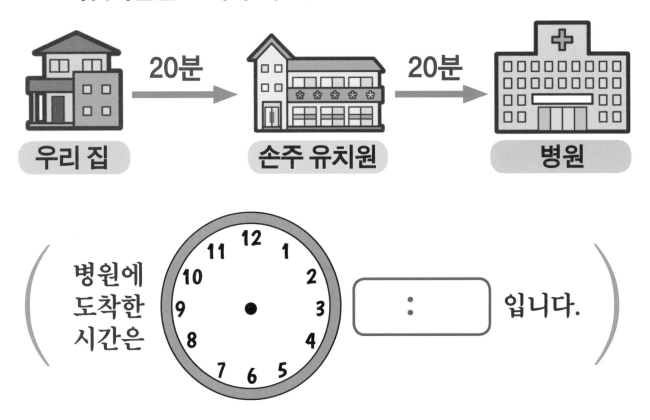

20분

20분

우리 집

손주 유치원

병원

병원에 도착한 시간은　　　(:) 입니다.

○ ☐ 안에 알맞은 수를 써 넣으세요.

오늘 아침 　 에 영화관에 와서 **오전 11시 10분 전**에 집으로 갔습니다. 오늘 오전에 영화관에 있던 시간은 총 ☐ 시간 ☐ 분입니다.

○ 1번(◉) 부터 43번(◎)까지 순서대로 점을 이어 그림을 완성해 보세요.

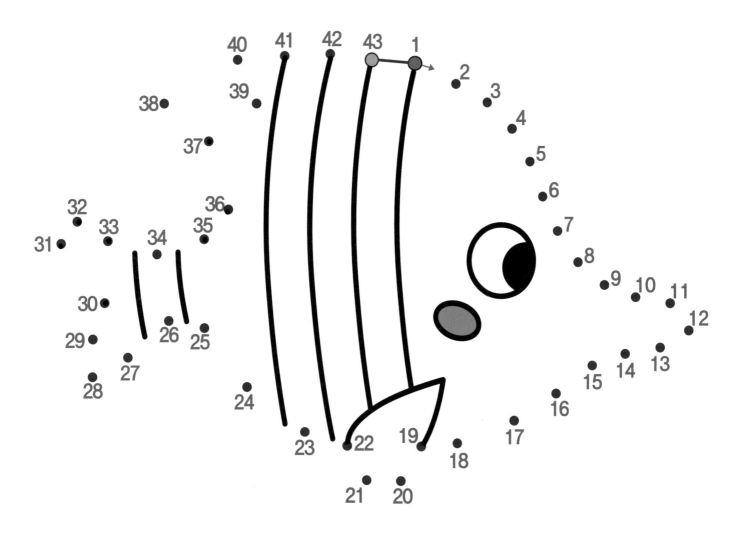

오늘 날짜	매일 3분 운동을 했나요?(6~9쪽)	틀린 문제 확인했나요?	내 사인
년 월 일			

아버지 심 봉사의 눈을 뜨게 하기 위해 인당수
에 몸을 던진 효녀 이야기 심청전입니다.
숨은 그림 8개를 찾아 보세요.

부엌칼

뒤집개

주전자

믹서기

냄비

국자

도마

프라이팬

○ 좌우가 바뀐 한글을 바르게 다시 써 주세요.

1. ㅣㄴ두ㅓㅂ꼴 ⟶

2. ㅓㄹㅣㄴㄹ우 ⟶

3. ㅂㅓㅎㅣㅈ ⟶

4. 볶두ㅣㅈ ⟶

5. 뭄소ㅐㄱ앙 ⟶

6. ㅂㅎ님샤ㅣ효 ⟶

7. ㅓ시ㄹ요 ⟶

8. ㅏㄹ효쳥흥음 ⟶

67

○ 왼쪽 그림에 들어간 조각을 찾아 선을 연결해 보세요.

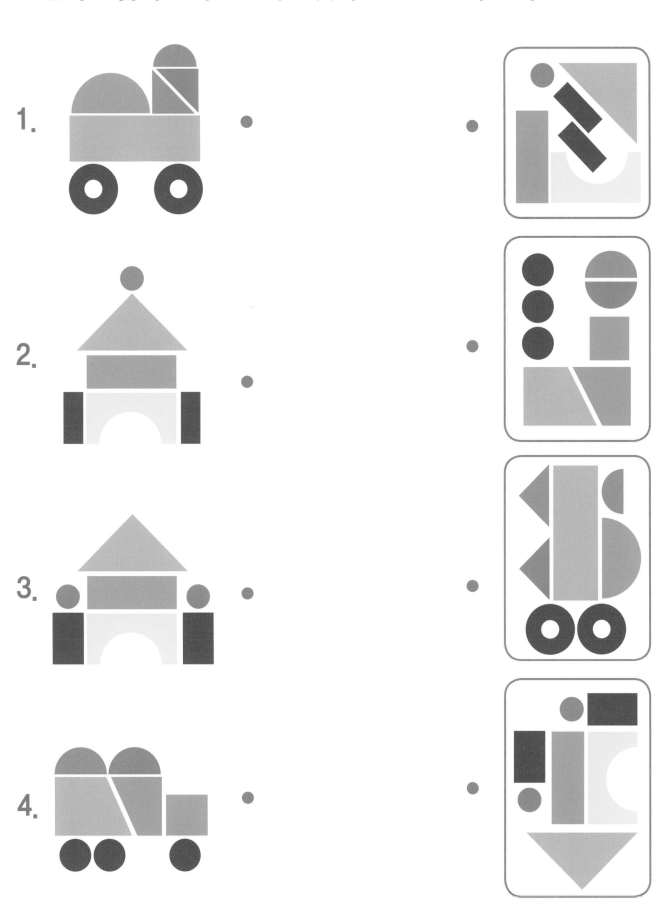

1.

2.

3.

4.

○ 5씩 커지는 수를 순서대로 선으로 이으세요.

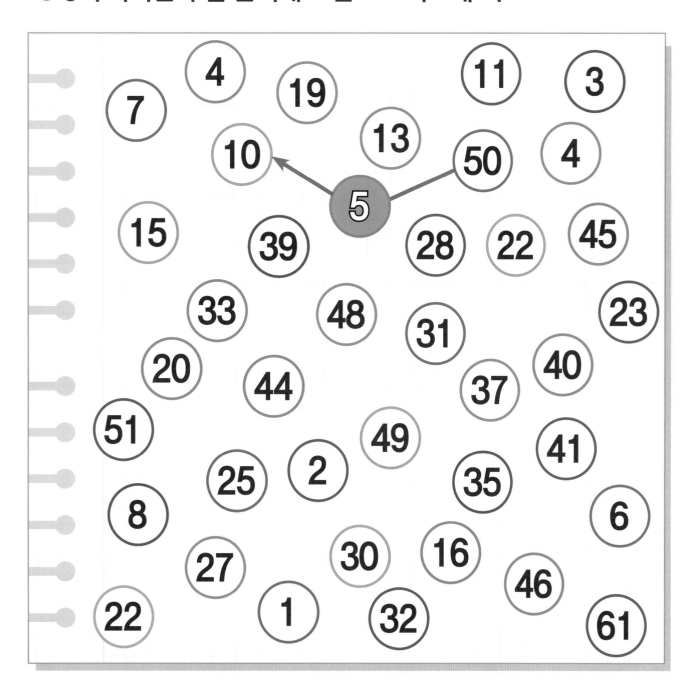

빈칸에 적힌 숫자를 보고, 책의 뒤에서 같은 숫자가 적힌 색깔과 도형의 스티커를 찾은 다음 위치에 붙여 주면 그림이 완성됩니다.

빨간모자 소녀가 할머니 집을 찾아갑니다. 가는 중에 늑대를 만나지 않도록 조심해서 길을 찾아 주세요.

○ 뒤죽박죽되어 있는 단어를 순서에 맞춰 알맞은 단어로 써 보세요.

| 보기 | 면장짜 | → | 짜장면 |

1. 녹빈떡두대 → _____

2. 파부마두 → _____

3. 빔비솥밥돌 → _____

4. 개부찌순두 → _____

5. 국닭수칼 → _____

6. 꼬탕곰리 → _____

7. 치념양킨 → _____

○ 각 그림의 그림자를 선으로 연결해 주세요.

정답은 107쪽에 있습니다.

16회	오늘의 기록

오늘 날짜	매일 3분 운동을 했나요?(6~9쪽)	틀린 문제 확인했나요?	내 사인
년 월 일			

구두쇠의 대명사 **자린고비**입니다.
숨은 그림 **8**개를 찾아 보세요.

도자기 / 부엉이 장식품 / 도서 / 시계 / 찻잔 / 꽃병 / 스탠드 / 사진 액자

○ 끝말잇기를 해 보세요.

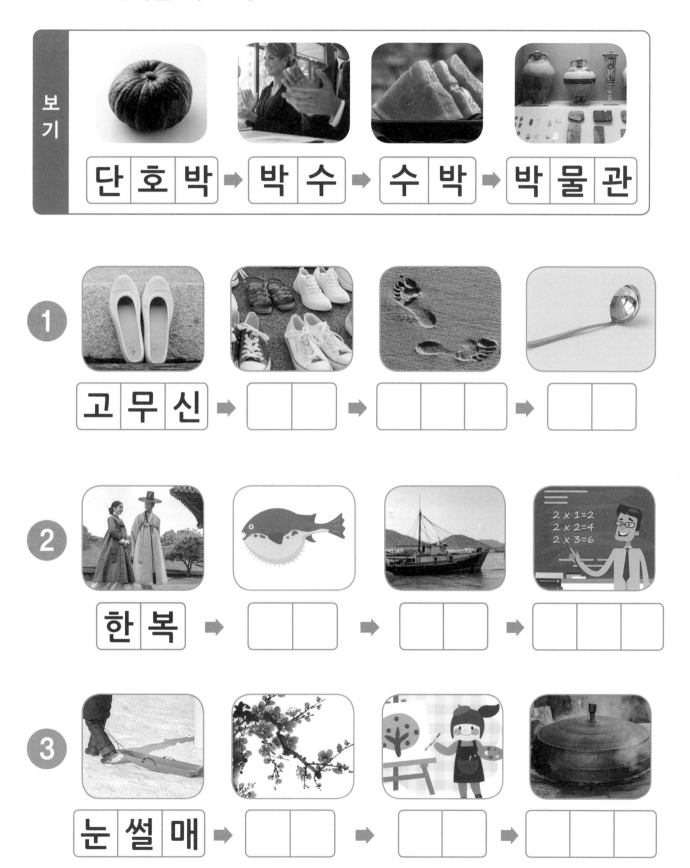

보기

단 | 호 | 박 ➡ 박 | 수 ➡ 수 | 박 ➡ 박 | 물 | 관

1 고 | 무 | 신 ➡ ☐☐ ➡ ☐☐☐ ➡ ☐☐

2 한 | 복 ➡ ☐☐ ➡ ☐☐ ➡ ☐☐☐

3 눈 | 썰 | 매 ➡ ☐☐ ➡ ☐☐ ➡ ☐☐☐

○ **한용운의 「후회」를 소리 내어 읽고 천천히 따라 써 보세요.**

　당신이 계실 때에 알뜰한 사랑을 못하였습니다.

　사랑보다 믿음이 많고 즐거움보다 조심이 더하였습니다.

　게다가 나의 성격이 냉담하고 더구나 가난에 쫓겨서 병들어 누운 당신에게 도리어 소활하였습니다.

　그러므로 당신이 가신 뒤에 떠난 근심보다 뉘우치는 눈물이 많았습니다.

정답은 **108**쪽에 있습니다.

17 회	오늘의 기록

오늘 날짜	매일 3분 운동을 했나요?(6~9쪽)	틀린 문제 확인했나요?	내 사인
년 월 일			

빈칸에 적힌 숫자를 보고, 책의 뒤에서 같은
숫자가 적힌 색깔과 도형의 스티커를 찾은
다음 위치에 붙여 주면 그림이 완성됩니다.

○ 점선의 글자를 따라 쓴 후, 가로 열쇠의 뜻을 보고 가로로 답 하고, 세로 열쇠의 뜻 을 보고 세로로 답을 해 십자말을 풀어 보 세요.

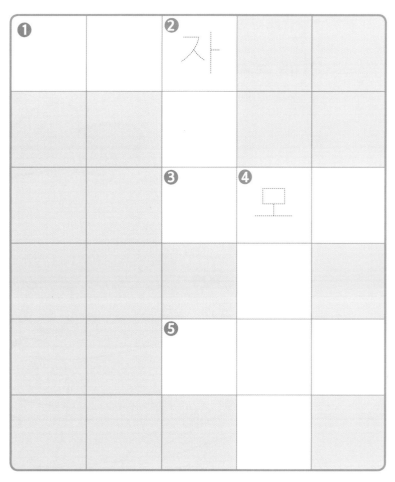

❶ ❷ 자

❸ ❹ 모

❺

→ 가 로 열 쇠

❶ 달걀의 흰자위에 둘러싸인 동글고 노란 부분

❸ 멀리 떨어져 있는 기기나 기계류를 제어하는 장치

❺ 밤중에 무덤에서 나와 사람의 피를 빨아 먹는다는 전설상의 귀신 (≒ 뱀파이어)

↓ 세 로 열 쇠

❷ 자로 재어 팔거나 재단하다가 남은 천의 조각

❹ 온몸의 조직에 그물 모양으로 퍼져 있는 매우 가는 혈관 (≒ 실핏줄)

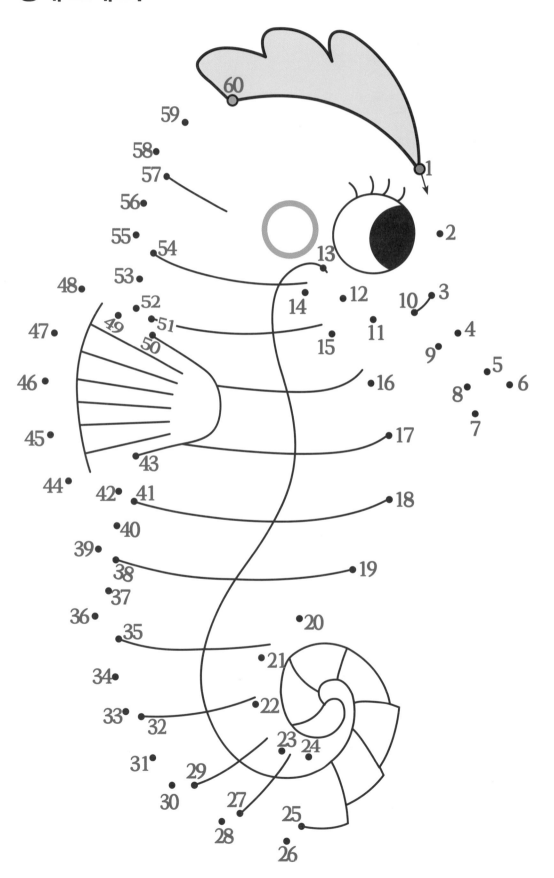

○ 〈보기〉에서 똑같은 식물을 찾고 같은 색으로 칠해 보세요.

보기

19 회

음력 7월 7일은 **견우와 직녀**가 오작교에서 만나는 날입니다.
숨은 그림 **8**개를 찾아 보세요.

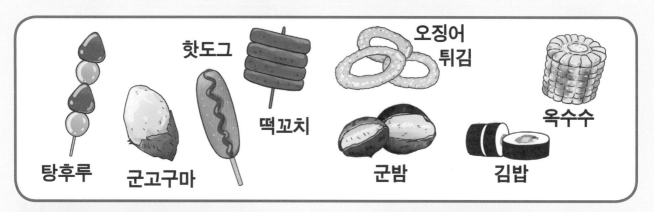

탕후루 핫도그 군고구마 떡꼬치 오징어 튀김 군밤 김밥 옥수수

○ 서로 연관된 사진끼리 선으로 이어 주세요.

울	석	충	서	주	고	남
전	가	강	상	짚	신	혜
도	탑	앙	볶	숭	가	북
경	한	세	청	조	랑	말
엽	실	라	석	스	양	윙
전	중	경	복	궁	원	연

찾은 단어

❶　❷　❸　❹

1.	2.
3.	4.

○ **4씩 커지는 수를 순서대로 선으로 이으세요.**

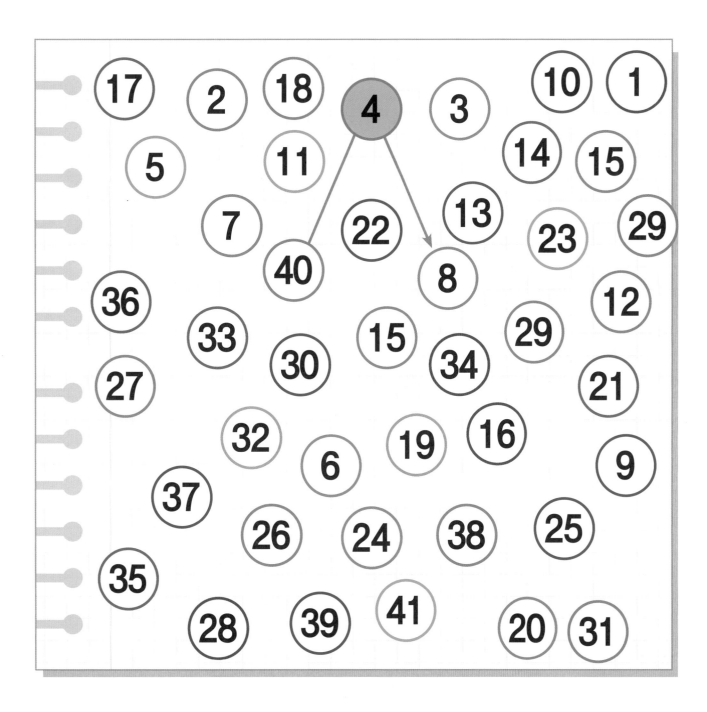

정답은 110쪽에 있습니다.

오늘의 기록

오늘 날짜	매일 3분 운동을 했나요?(6~9쪽)	틀린 문제 확인했나요?	내 사인
년 월 일			

빈칸에 적힌 숫자를 보고, 책의 뒤에서 같은
숫자가 적힌 색깔과 도형의 스티커를 찾은
다음 위치에 붙여 주면 그림이 완성됩니다.

○ 빈칸에 알맞은 숫자와 사칙 연산 기호(+, −, ×, ÷)를 넣어
보세요.

8	×		=	24
+				÷
8				
=				=
	÷	4	=	4
	+			+
	2			3
	=			=

3	×	3	=		×	2	=	18		11	=
×				+				+			×
5				5							3
=				=				=			=
	−		=	14	×		=	28		7	=
				+							−
							52				13
				=				=			=
20	×	4	=					÷	10	=

87

○ 초성(첫소리) 글자를 보고 동물의 이름을 써 보세요.

| 보기 | ㅂ ㄷ ㄱ ㅈ | → | 바닷가재 |

ㄸ ㄸ ㄱ ㄹ → _____

ㅎ ㅈ ㅍ ㄱ → _____

ㅊ ㄷ ㅇ ㄹ → _____

ㅎ ㄹ ㄴ ㅂ → _____

ㄱ ㅅ ㄷ ㅊ → _____

나머지 반쪽을 찾아 선을 이어 주세요.

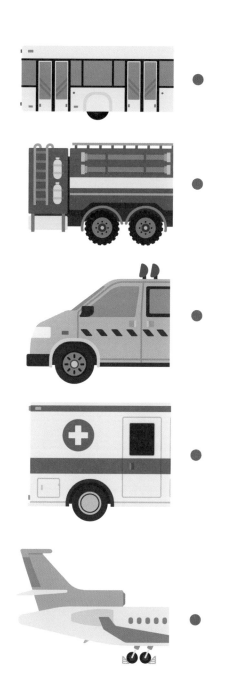

정답은 111쪽에 있습니다.

20회 오늘의 기록

오늘 날짜	매일 3분 운동을 했나요?(6~9쪽)	틀린 문제 확인했나요?	내 사인
년 월 일			

상 장

성 명 _____

위 사람은 생활 속에서 관심이 많고 열심히 배우며

궁금증을 풀기 위해 온 마음과 힘을 기울이는 모습이

다른 사람들에게 모범이 되므로

이 상장을 수여합니다.

도서출판 큰그림 드림

정답

오늘도
재밌는
뇌운동

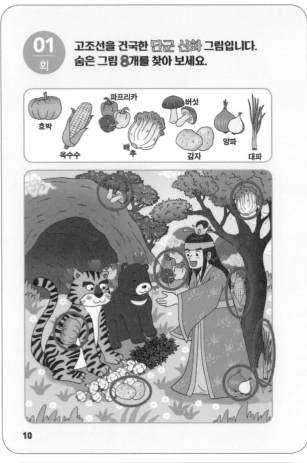

01
회

고조선을 건국한 단군 신화 그림입니다.
숨은 그림 8개를 찾아 보세요.

호박　옥수수　파프리카　배추　버섯　감자　양파　대파

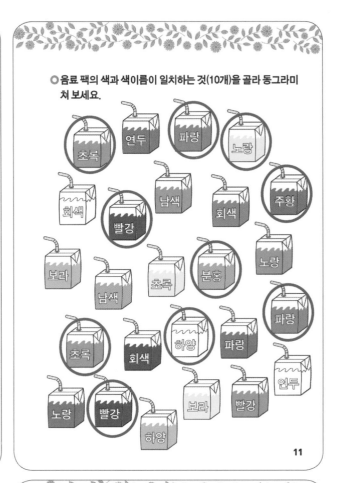

음료 팩의 색과 색이름이 일치하는 것(10개)을 골라 동그라미 쳐 보세요.

정류장에 버스가 도착할 때마다 사람들이 타고(+) 내립니다(−). 수에 맞게 셈을 완성하세요.

초성(첫소리) 글자를 보고 옷의 이름을 써 보세요.

보기　ㅊㅂㅈ → 청바지

ㅈㄱㄹ → 저고리

ㄷㄹㅁㄱ → 두루마기

ㅇㅍㅅ → 원피스

ㅇㄷㄹㅅ → 웨딩드레스

ㅇㅇㅅㅊ → 와이셔츠

01회 오늘의 기록　　정답은 92쪽에 있습니다.

오늘 날짜	매일 3분 운동을 했나요?(6~9쪽)	틀린 문제 확인했나요?	내 사인
년 월 일			

02
회

빈칸에 적힌 숫자를 보고, 책의 뒤에서 같은 숫자가 적힌 색깔과 도형의 스티커를 찾은 다음 위치에 붙여 주면 그림이 완성됩니다.

14

○ 점선의 글자를 따라 쓴 후, 가로 열쇠의 뜻을 보고 가로로 답하고, 세로 열쇠의 뜻을 보고 세로로 답을 해 십자말을 풀어 보세요.

①선	②물			
	③냉	장	④고	
	면		⑤추	석
		⑥김	장	

→ 가로열쇠

① 남에게 선사하는 어떤 물건
③ 식품 등을 차게 하여 부패하지 않도록 저온 보관하는 기계 장치
⑤ 음력 8월 15일. 햅쌀로 송편을 빚고 햇과일 따위의 음식을 장만하여 차례를 지내는 날 (≒한가위)
⑥ 겨우내 먹기 위해 김치를 한꺼번에 많이 담그는 일

↓ 세로열쇠

② 육수에 냉면을 말고 편육, 고명 등을 얹어 겨자와 식초를 쳐서 먹는 음식
④ 쌀과 보리로 질게 지은 밥이나 떡가루 또는 되게 쑨 죽에 메줏가루, 고춧가루, 소금을 넣어 섞어서 만든 붉은 빛깔의 매운 장

15

○ 계산 결과와 같은 수의 색으로 칠해 주세요.

1 2 3 4 5

16

○ 〈보기〉와 같은 그림을 찾아 보세요. (③)

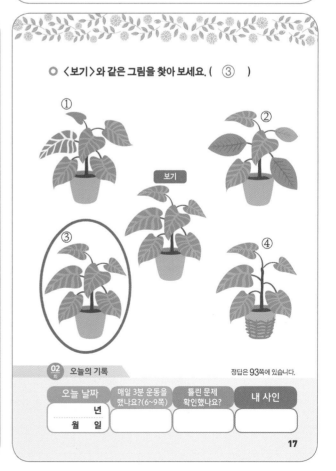

① ② 보기 ③ ④

02
회 오늘의 기록

정답은 93쪽에 있습니다.

오늘 날짜	매일 3분 운동을 했나요?(6~9쪽)	틀린 문제 확인했나요?	내 사인
년 월 일			

17

03회 별주부전으로 잘 알려져 있는 토끼전 그림입니다. 숨은 그림 8개를 찾아 보세요.

연잎 / 레몬 나뭇잎 / 선인장 / 단풍잎 / 몬스테라 / 은행잎 / 클로버 / 다육이

18

○ 빈칸에 알맞은 숫자와 사칙 연산 기호(+, −, ×, ÷)를 넣어 보세요.

왼쪽 퍼즐:

5	+	7	=	12
+				÷
9				4
=				=
14	−	11	=	3
+				+
6				13
=				=
20	−	4	=	16

3 + 17 = 20 / 16 ÷ 4 = 4

오른쪽 퍼즐:

10	+	15	=	25
×				÷
2				5
=				=
20	÷	4	=	5
÷				+
5				7
=				=
4	×	3	=	12
×				+
7				2
28	−	14	=	14
÷				÷
2				2
=				=
14	−	7	=	7

19

○ 윤동주의 「반딧불」을 소리 내어 읽고 천천히 따라 써 보세요.

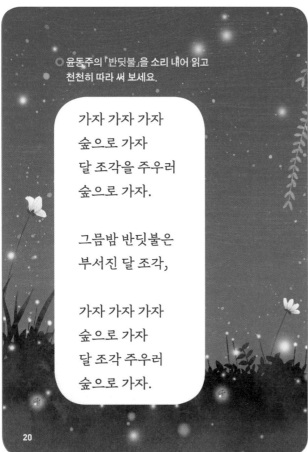

가자 가자 가자
숲으로 가자
달 조각을 주우러
숲으로 가자.

그믐밤 반딧불은
부서진 달 조각,

가자 가자 가자
숲으로 가자
달 조각 주우러
숲으로 가자.

20

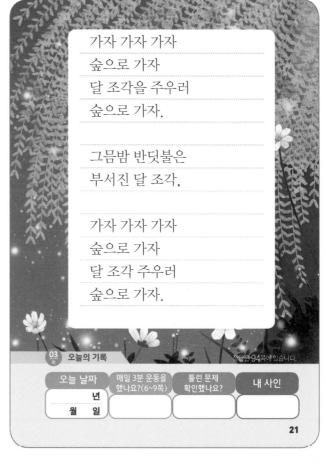

가자 가자 가자
숲으로 가자
달 조각을 주우러
숲으로 가자.

그믐밤 반딧불은
부서진 달 조각,

가자 가자 가자
숲으로 가자
달 조각 주우러
숲으로 가자.

03회 오늘의 기록   정답은 94쪽에 있습니다.

오늘 날짜	매일 3분 운동을 했나요?(6~9쪽)	틀린 문제 확인했나요?	내 사인
년 월 일			

21

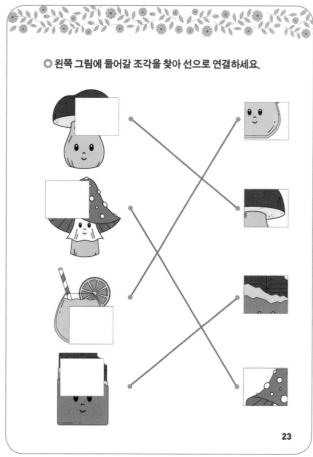

○ 왼쪽 그림에 들어갈 조각을 찾아 선으로 연결하세요.

○ 끝말잇기를 해 보세요.

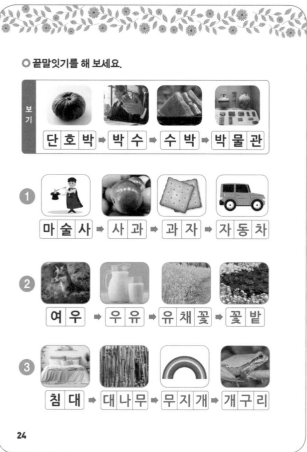

보기 **단 호 박 → 박 수 → 수 박 → 박 물 관**

① **마 술 사 → 사 과 → 과 자 → 자 동 차**

② **여 우 → 우 유 → 유 채 꽃 → 꽃 밭**

③ **침 대 → 대 나 무 → 무 지 개 → 개 구 리**

○ 판다 얼굴입니다. 나머지 반쪽을 그려 완성해 주세요.

04회 오늘의 기록

정답은 95쪽에 있습니다.

오늘 날짜	매일 3분 운동을 했나요?(6~9쪽)	틀린 문제 확인했나요?	내 사인
년 월 일			

옥심 많은 형 놀부와 가난하지만 착한 동생
흥부 이야기의 흥부전입니다.
숨은 그림 8개를 찾아 보세요.

변기 사워기 샴푸 비누 휴지 빗 칫솔 수건

26

○ 좌우가 바뀐 한글을 바르게 다시 써 주세요.

1. ㅣ나머흘 → 할머니

2. 됴흐킁초 → 초등학교

3. ㅣㄷ도물 → 물고기

4. ㅏ뒤티ㅏ머 → 머리카락

5. 프이ㅋ → 테이프

6. 됴사ㄷ → 교과서

7. 콩딤ㅈ → 저금통

8. 크넌플임 → 임플란트

27

○ 같은 모양의 물고기를 세고, 몇 개씩인지 숫자를 써 주세요.

(8)개	(5)개	(7)개	(9)개
(6)개	(5)개	(12)개	(10)개

28

○ 공주가 왕자를 만날 수 있도록 길을 찾아 주세요.

05회 오늘의 기록   정답은 96쪽에 있습니다.

오늘 날짜	매일 3분 운동을 했나요?(6~9쪽)	틀린 문제 확인했나요?	내 사인
년 월 일			

29

06
회

빈칸에 적힌 숫자를 보고, 책의 뒤에서 같은 숫자가 적힌 색깔과 도형의 스티커를 찾은 다음 위치에 붙여 주면 그림이 완성됩니다.

30

○점선의 글자를 따라 쓴 후, 가로 열쇠의 뜻을 보고 가로로 답하고, 세로 열쇠의 뜻을 보고 세로로 답을 해 십자말을 풀어 보세요.

		세	탁	소
나	룻	배		풍
박				
김				
치				

→ 가 로 열 쇠

❶ 돈을 받고 남의 빨래나 다림질 따위를 해 주는 곳

❹ 나루와 나루 사이를 오가며 사람이나 짐 따위를 실어 나르는 작은 배

↓ 세 로 열 쇠

❷ 섣달그믐이나 정초에 웃어른께 인사로 하는 절

❸ 학교 등에서 자연 관찰 또는 유적 따위의 견학을 위해 야외로 ○○을 갔다 옵니다.

❺ 무를 얄팍하고 네모지게 썰어 절인 다음, 고추·파·마늘·미나리 따위를 넣고 국물을 부어 담근 김치

31

○뒤죽박죽되어 있는 단어를 순서에 맞춰 알맞은 단어로 써 보세요.

보기	한민대국	→	대한민국

1. 크이아림스 → 아이스크림

2. 여휴가름 → 여름휴가

3. 플인애파 → 파인애플

4. 연직퇴금 → 퇴직연금

5. 제가품전 → 가전제품

6. 리카파프 → 파프리카

7. 하충초동 → 동충하초

32

○각 그림의 그림자를 선으로 연결해 주세요.

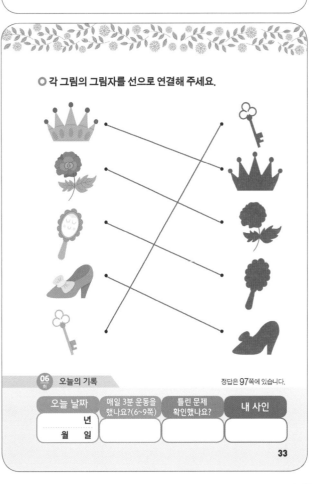

06
회 오늘의 기록

정답은 97쪽에 있습니다.

오늘 날짜	매일 3분 운동을 했나요?(6~9쪽)	틀린 문제 확인했나요?	내 사인
년 월 일			

33

07회

해와 달이 된 오누이 이야기입니다.
숨은 그림 8개를 찾아 보세요.

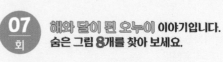

젤리(구미)   우유   보리차   컵라면   스낵   아이스크림   삼각김밥   바나나향 우유

34

○ 1번(◉)부터 40번(◉)까지 순서대로 점을 이어 그림을 완성해 보세요.

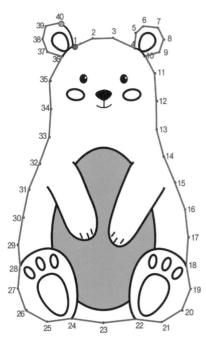

35

○ ( ) 안에 알맞은 단어를 넣어 속담을 완성하세요.

보기
찰떡같이 믿고 있던 사람에게 어처구니없이 배신을 당함.
믿는 (도끼)에 발등 찍힌다.

1 지난 일은 생각지 못하고 처음부터 그랬던 것처럼 잘난 체한
다는 뜻을 갖고 있습니다.
개구리 (올챙이) 적 생각 못 한다.

2 힘들고 어려운 처지의 사람에게도 좋은 날은 옵니다.
(쥐)구멍에도 (볕) 들 날 있다.

3 절망적일 때 또는 막막할 때라도 살아갈 방도가 생길 거라는
희망을 주는 속담입니다.
하늘이 무너져도 솟아날 (구멍)이 있다.

4 어떤 분야에 아는 것이 없는 사람이라도 그 분야에 오래 있으
면 어느 정도 지식과 경험을 가질 수 있다는 말입니다.
서당 개 삼 년이면 (풍월)을 읊는다.

5 강한 사람들이 다투는 곳에서 약한 사람이 할 일 없이 그 사이
에 끼어서 괜한 피해를 입는다는 속담입니다.
(고래) 싸움에 (새우) 등 터진다.

36

○ 각 번호에 해당하는 색으로 칠해 주세요.

1 2 3 4 5 6 7 8

07회 오늘의 기록

정답은 98쪽에 있습니다.

오늘 날짜	매일 3분 운동을 했나요?(6~9쪽)	틀린 문제 확인했나요?	내 사인
년			
월 일			

37

98

08회

빈칸에 적힌 숫자를 보고, 책의 뒤에서 같은 숫자가 적힌 색깔과 도형의 스티커를 찾은 다음 위치에 붙여 주면 그림이 완성됩니다.

38

○ 빈칸에 알맞은 숫자와 사칙 연산 기호(+, −, ×, ÷)를 넣어 보세요.

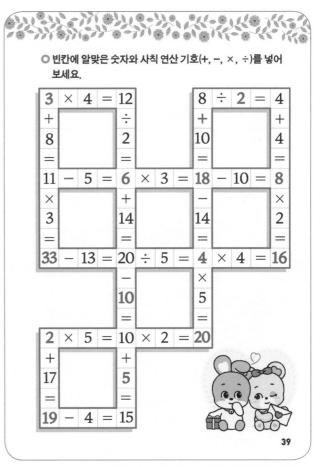

$$3 \times 4 = 12 \qquad 8 \div 2 = 4$$
$$11 - 5 = 6 \times 3 = 18 - 10 = 8$$
$$33 - 13 = 20 \div 5 = 4 \times 4 = 16$$
$$2 \times 5 = 10 \times 2 = 20$$
$$19 - 4 = 15$$

(세로)
- 12 ÷ 2, 8 = ... 3 × 3 = ... 14, 14 ... 4
- 20 ÷ 5, − 10, × 5
- 2 + 17 = 19, 10 + 5 = 15

39

○ 사진이 나타내는 단어를 써 주세요. 그리고 사진의 재료를 합하여 요리하면 어떤 음식이 되는지 써 주세요.

닭 + 대추 + 인삼 = 삼계탕

약불에 설탕 녹이기 + 베이킹 소다 한 꼬집 = 달고나

40

○ 각 그림의 그림자를 선으로 연결해 주세요.

오늘 날짜	매일 3분 운동을 했나요?(6~9쪽)	틀린 문제 확인했나요?	내 사인
년 월 일			

41

09회 정답

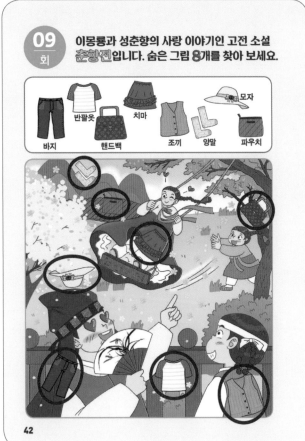

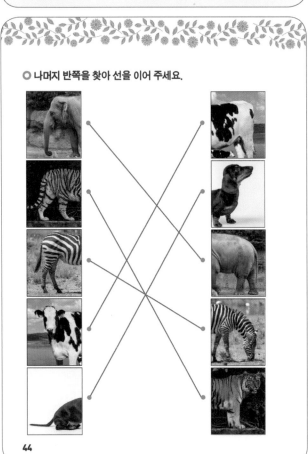

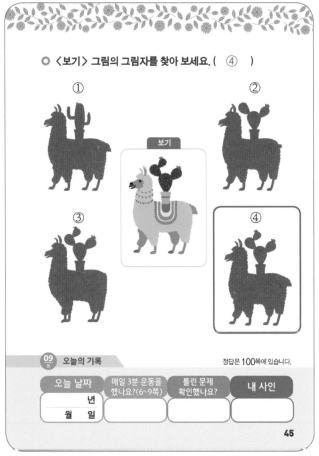

 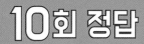
 빈칸에 적힌 숫자를 보고, 책의 뒤에서 같은 숫자가 적힌 색깔과 도형의 스티커를 찾은 다음 위치에 붙여 주면 그림이 완성됩니다.

46

○ 빈칸에 규칙에 알맞은 숫자를 쓰세요.

47

○ 김영랑의 「돌담에 속삭이는 햇발」을 소리 내어 읽고 천천히 따라 써 보세요.

돌담에 속삭이는 햇발같이

풀 아래 웃음짓는 샘물같이

내 마음 고요히 고운 봄 길 위에

오늘 하루 하늘을 우러르고 싶다

새악시 볼에 떠오는 부끄럼같이

시의 가슴 살포시 젖는 물결같이

보드레한 에메랄드 얇게 흐르는

실비단 하늘을 바라보고 싶다

48

돌담에 속삭이는 햇발같이

풀 아래 웃음짓는 샘물같이

내 마음 고요히 고운 봄 길 위에

오늘 하루 하늘을 우러르고 싶다

새악시 볼에 떠오는 부끄럼같이

시의 가슴 살포시 젖는 물결같이

보드레한 에메랄드 얇게 흐르는

실비단 하늘을 바라보고 싶다

10회 오늘의 기록

정답은 101쪽에 있습니다.

오늘 날짜	매일 3분 운동을 했나요?(6~9쪽)	틀린 문제 확인했나요?	내 사인
년 월 일			

49

101

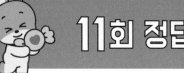

11회 정직한 나무꾼의 이야기 금도끼 은도끼 입니다. 숨은 그림 8개를 찾아 보세요.

목 안마기　태블릿　계산기　냉커피
맥주　비트코인　조각 케이크　텀블러

50

○ 표 안에 숨어 있는 단어를 찾아서 아래의 빈칸에 써 보세요.

노	트	봉	서	회	망	지
봉	평	치	원	창	촌	게
초	방	연	흑	북	정	안
가	중	진	재	봉	틀	갈
집	석	당	곡	월	암	장
성	천	가	마	니	등	상

찾은 단어　❶ ❷ ❸ ❹

1. 지게	2. 초가집
3. 재봉틀	4. 가마니

51

○ 답이 같은 계산식끼리 선으로 이어 주세요.

보기 18 + 7 = 25　　6 × 6 = 36

15 − 9 = 6　　7 × 2 = 14

30 + 6 = 36　　12 ÷ 2 = 6

18 − 4 = 14　　5 × 5 = 25

6 × 5 = 30　　16 ÷ 4 = 4

2 + 2 = 4　　16 − 8 = 8

4 × 2 = 8　　49 ÷ 7 = 7

15 + 9 = 24　　10 × 3 = 30

16 − 9 = 7　　12 × 2 = 24

52

○ 초성(첫소리) 글자를 보고 메뉴의 이름을 써 보세요.

보기 ㅇㄴㄱㅂ → 양념갈비

ㅈㅇㅂㅇ → 제육볶음

ㄱㅂㅉ → 갈비찜

ㅂㅂㄴㅁ → 비빔냉면

ㄱㅊㅉㄱ → 김치찌개

ㄱㅈㄱㅈ → 간장게장

11회 오늘의 기록　　정답은 102쪽에 있습니다.

오늘 날짜	매일 3분 운동을 했나요?(6~9쪽)	틀린 문제 확인했나요?	내 사인
년 월 일			

53

54

○물감의 색과 색이름이 일치하는 것(10개)을 골라 동그라미 쳐 주세요.

55

○건물의 불이 켜져 있는 방과 불이 꺼져 있는 방을 세어 숫자를 써 주세요.

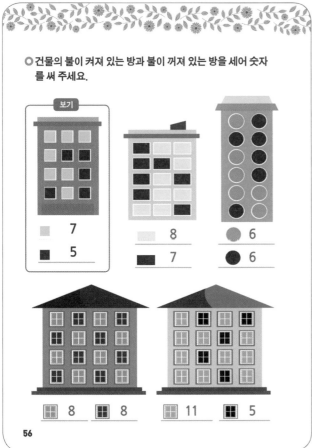

56

○ 〈보기〉와 같은 그림을 찾아 보세요. (④)

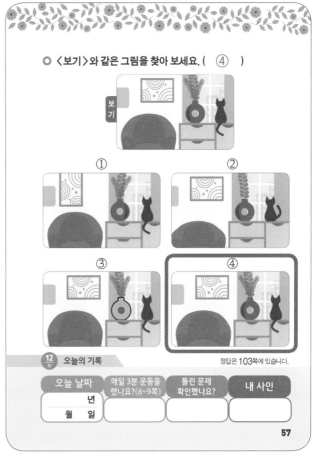

57

103

 13회 정답

13회 권선징악의 대표 고전 소설 콩쥐팥쥐입니다.
숨은 그림 8개를 찾아 보세요.

폭죽 / 와인 잔 / 케이크 / 샴페인 / 고깔모자 / 초 / 풍선 / 생일 카드

58

○각 번호에 해당하는 색으로 칠해 주세요.

1 2 3 4 5 6

59

○왼쪽 그림에 들어갈 조각을 찾아 선으로 연결하세요.

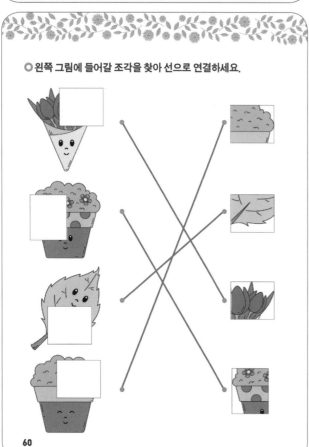

60

○( ) 안에 알맞은 단어를 넣어 속담을 완성하세요.

보기
공교롭게 안 좋은 일이 생겼을 때
가는 날이 (장날)이다.

① 자기에게 큰 결점이 있는데도 상대편의 작은 결점을 흉보는 사람을 일컫는다.
(똥) 묻은 개가 (겨) 묻은 개 나무란다

② 자식을 많이 둔 부모는 자식을 위하는 걱정이 그치질 않는다는 말
(가지) 많은 나무에 (바람) 잘 날이 없다

③ 내 사정이 급해서 다른 사람에게 신경을 쓸 수 없을 때
내 (코)가 석 자

④ 매우 간단하고 쉬운 일을 비유하는 말
누워서 (떡) 먹기

13회 오늘의 기록   정답은 104쪽에 있습니다.

오늘 날짜	매일 3분 운동을 했나요?(6~9쪽)	틀린 문제 확인했나요?	내 사인
년			
월 일			

61

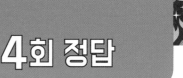

14회 정답

빈칸에 적힌 숫자를 보고, 책의 뒤에서 같은 숫자가 적힌 색깔과 도형의 스티커를 찾은 다음 위치에 붙여 주면 그림이 완성됩니다.

62

○ 점선의 글자를 따라 쓴 후, 가로 열쇠의 뜻을 보고 가로로 답하고, 세로 열쇠의 뜻을 보고 세로로 답을 해 십자말을 풀어 보세요.

→ 가로열쇠

❶ 입학할 때에 신입생을 모아 놓고 하는 의식
❹ 고향으로 돌아가거나 돌아오는 길 (≒ 귀성길)
❻ 아이나 새끼를 뱀.

↓ 세로열쇠

❷ 입춘을 맞이하여 길운을 기원하며 벽이나 문짝 따위에 써 붙이는 글귀
❸ 음식을 만드는 데 쓰는 기름
❺ 사람이 죽은 뒤에 남는다는 넋 (◎ ○○ 씻나락 까먹는 소리)

63

○ 우리 집에서 손주 유치원을 지나 병원까지 가는 데 걸리는 시간은 다음과 같습니다. 우리 집에서 오후 2시 30분에 출발했다면 병원에 도착한 시각은 몇 시 몇 분인지 시각을 적고 시곗바늘을 그려 주세요.

병원에 도착한 시간은 [시계] 3 : 10 입니다.

○ ▢ 안에 알맞은 수를 써 넣으세요.

오늘 아침 [시계] 에 영화관에 와서 오전 11시 10분 전 에 집으로 갔습니다. 오늘 오전에 영화관에 있던 시간은 총 2 시간 50 분입니다.

64

○ 1번(◎) 부터 43번(◎)까지 순서대로 점을 이어 그림을 완성해 보세요.

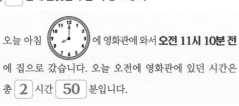

15회

아버지 심 봉사의 눈을 뜨게 하기 위해 인당수에 몸을 던진 효녀 이야기 심청전입니다.
숨은 그림 8개를 찾아 보세요.

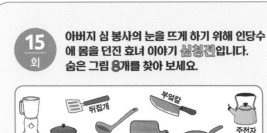

믹서기 / 뒤집개 / 국자 / 부엌칼 / 도마 / 프라이팬 / 주전자 / 냄비

66

◯ 좌우가 바뀐 한글을 바르게 다시 써 주세요.

1. ㅣㄴ두ㅓㅂ꽃 ⟶ 꽃 바 구 니
2. ㅓ�ㅣㄴㄹ우 ⟶ 우 리 나 라
3. 쏠ㅏ히ㅈ ⟶ 지 하 철
4. 봄두ㅣㅈ ⟶ 지 구 본
5. 묾소ㅐ가안 ⟶ 연 개 소 문
6. 녕남ㅑ녀효 ⟶ 효 녀 심 청
7. ㅓ시ㄹ요 ⟶ 요 리 사
8. ㅏ됴횽흥음 ⟶ 음 향 효 과

67

◯ 왼쪽 그림에 들어간 조각을 찾아 선을 연결해 보세요.

1.
2.
3.
4.

68

◯ 5씩 커지는 수를 순서대로 선으로 이으세요.

15회 오늘의 기록   정답은 106쪽에 있습니다.

오늘 날짜	매일 3분 운동을 했나요?(6~9쪽)	틀린 문제 확인했나요?	내 사인
년 월 일			

69

빈칸에 적힌 숫자를 보고, 책의 뒤에서 같은 숫자가 적힌 색깔과 도형의 스티커를 찾은 다음 위치에 붙여 주면 그림이 완성됩니다.

70

○ 빨간모자 소녀가 할머니 집을 찾아갑니다. 가는 중에 늑대를 만나지 않도록 조심해서 길을 찾아 주세요.

71

○ 뒤죽박죽되어 있는 단어를 순서에 맞춰 알맞은 단어로 써 보세요.

보기 면장짜 → 짜장면

1. 녹빈떡두대 → 녹두빈대떡
2. 파부마두 → 마파두부
3. 빔비솥밥돌 → 돌솥비빔밥
4. 개부찌순두 → 순두부찌개
5. 국닭수칼 → 닭칼국수
6. 꼬탕곰리 → 꼬리곰탕
7. 치념양킨 → 양념치킨

72

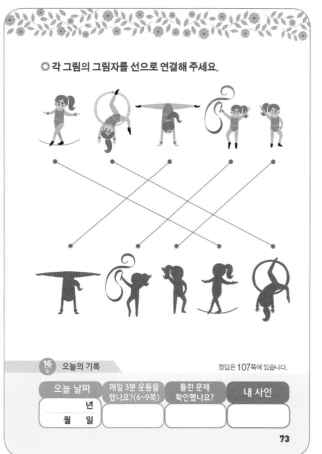

○ 각 그림의 그림자를 선으로 연결해 주세요.

107

17회 구두쇠의 대명사 자린고비입니다.
숨은 그림 8개를 찾아 보세요.

도자기　부엉이 장식품　시계　도서　찻잔　꽃병　스탠드　사진 액자

74

○ 끝말잇기를 해 보세요.

보기
단호박 ➡ 박수 ➡ 수박 ➡ 박물관

① 고무신 ➡ 신발 ➡ 발자국 ➡ 국자

② 한복 ➡ 복어 ➡ 어선 ➡ 선생님

③ 눈썰매 ➡ 매화 ➡ 화가 ➡ 가마솥

75

○ 한용운의 「후회」를 소리 내어 읽고 천천히 따라 써 보세요.

당신이 계실 때에 알뜰한 사랑을 못하였습니다.

사랑보다 믿음이 많고 즐거움보다 조심이 더하였습니다.

게다가 나의 성격이 냉담하고 더구나 가난에 쫓겨서 병들어 누운 당신에게 도리어 소활하였습니다.

그러므로 당신이 가신 뒤에 떠난 근심보다 뉘우치는 눈물이 많았습니다.

76

당신이 계실 때에 알뜰한 사랑을 못하였습니다.

사랑보다 믿음이 많고 즐거움보다 조심이 더하였습니다.

게다가 나의 성격이 냉담하고 더구나 가난에 쫓겨서 병들어 누운 당신에게 도리어 소활하였습니다.

그러므로 당신이 가신 뒤에 떠난 근심보다 뉘우치는 눈물이 많았습니다.

17회 오늘의 기록　정답은 108쪽에 있습니다.

오늘 날짜	매일 3분 운동을 했나요?(6~9쪽)	틀린 문제 확인했나요?	내 사인
년			
월　일			

77

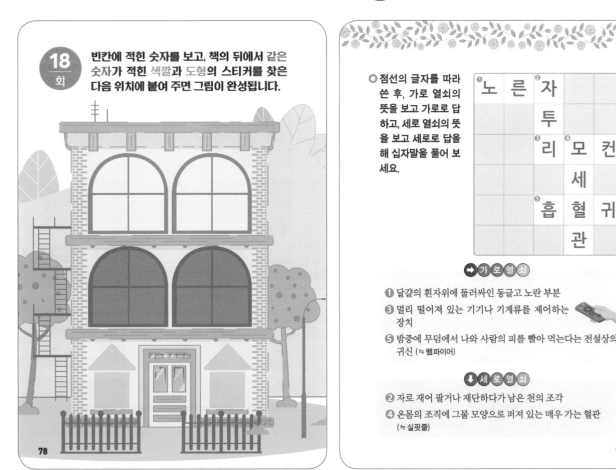

18회

빈칸에 적힌 숫자를 보고, 책의 뒤에서 같은 숫자가 적힌 색깔과 도형의 스티커를 찾은 다음 위치에 붙여 주면 그림이 완성됩니다.

78

○ 점선의 글자를 따라 쓴 후, 가로 열쇠의 뜻을 보고 가로로 답하고, 세로 열쇠의 뜻을 보고 세로로 답을 해 십자말을 풀어 보세요.

①노	른	②자		
		투		
	③리	④모	컨	
		세		
	⑤흡	혈	귀	
		관		

➡ 가 로 열 쇠

① 달걀의 흰자위에 둘러싸인 동글고 노란 부분
③ 멀리 떨어져 있는 기기나 기계류를 제어하는 장치
⑤ 밤중에 무덤에서 나와 사람의 피를 빨아 먹는다는 전설상의 귀신 (≒뱀파이어)

⬇ 세 로 열 쇠

② 자로 재어 팔거나 재단하다가 남은 천의 조각
④ 온몸의 조직에 그물 모양으로 퍼져 있는 매우 가는 혈관 (≒실핏줄)

79

○ 1번(◉)부터 60번(◉)까지 순서대로 점을 이어 그림을 완성해 보세요.

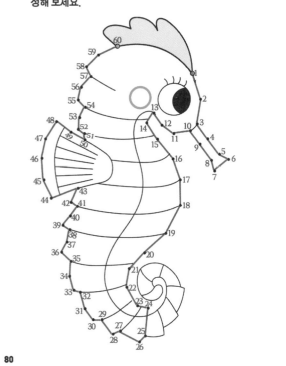

80

○ 〈보기〉에서 똑같은 식물을 찾고 같은 색으로 칠해 보세요.

18회 오늘의 기록

정답은 109쪽에 있습니다.

오늘 날짜	매일 3분 운동을 했나요?(6~9쪽)	틀린 문제 확인했나요?	내 사인
년 월 일			

81

19회 음력 7월 7일은 견우와 직녀가 오작교에서 만나는 날입니다.
숨은 그림 8개를 찾아 보세요.

탕후루 / 핫도그 / 군고구마 / 떡꼬치 / 오징어튀김 / 군밤 / 김밥 / 옥수수

82

○ 서로 연관된 사진끼리 선으로 이어 주세요.

83

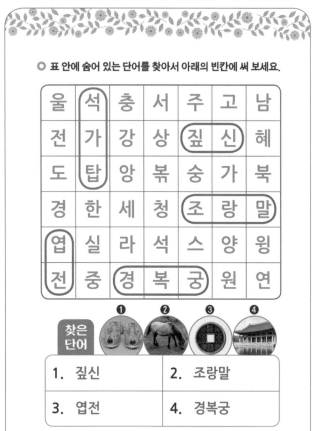

○ 표 안에 숨어 있는 단어를 찾아서 아래의 빈칸에 써 보세요.

울	석	충	서	주	고	남
전	가	강	상	짚	신	혜
도	탑	앙	볶	숭	가	북
경	한	세	청	조	랑	말
엽	실	라	석	스	양	윙
전	중	경	복	궁	원	연

찾은 단어

1. 짚신   2. 조랑말
3. 엽전   4. 경복궁

84

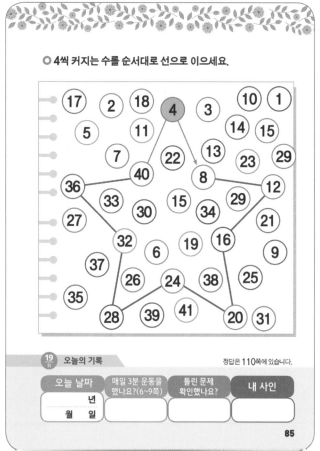

○ 4씩 커지는 수를 순서대로 선으로 이으세요.

19회 오늘의 기록

정답은 110쪽에 있습니다.

오늘 날짜	매일 3분 운동을 했요?(6~9쪽)	틀린 문제 확인했나요?	내 사인
년 월 일			

85

20 회 빈칸에 적힌 숫자를 보고, 책의 뒤에서 같은 숫자가 적힌 색깔과 도형의 스티커를 찾은 다음 위치에 붙여 주면 그림이 완성됩니다.

86

○ 빈칸에 알맞은 숫자와 사칙 연산 기호(+, −, ×, ÷)를 넣어 보세요.

8	×	3	=	24
+				÷
8				6
=				=
16	÷	4	=	4
+				+
2				3
=				=

3	×	3	=	9	×	2	=	18	−	11	=	7
×				+				+				×
5				5				10				3
=				=				=				=
15	−	1	=	14	×	2	=	28	−	7	=	21
+				+								−
6				52								13
=				=								=
20	×	4	=	80	÷	10	=	8

87

○ 초성(첫소리) 글자를 보고 동물의 이름을 써 보세요.

보기	ㅂㄷㄱㅈ	→	바닷가재

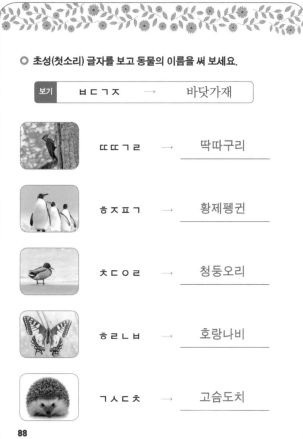

딱따구리 ㄸㄸㄱㄹ → 딱따구리

황제펭귄 ㅎㅈㅍㄱ → 황제펭귄

청둥오리 ㅊㄷㅇㄹ → 청둥오리

호랑나비 ㅎㄹㄴㅂ → 호랑나비

고슴도치 ㄱㅅㄷㅊ → 고슴도치

88

○ 나머지 반쪽을 찾아 선을 이어 주세요.

20회 오늘의 기록 정답은 111쪽에 있습니다.

오늘 날짜	매일 3분 운동을 했나요?(6~9쪽)	틀린 문제 확인했나요?	내 사인
년 월 일			

89

숨은그림찾기-전래동화

치매 예방을 위한 **오늘도 재밌는 뇌운동 ❷** 스티커240

초판 발행 · 2024년 5월 1일

지은이 큰그림 편집부
숨은그림 유선영
펴낸이 이강실
펴낸곳 도서출판 큰그림
등 록 제2018-000090호
주 소 서울시 마포구 양화로 133 서교타워 1703호
전 화 02-849-5069
팩 스 02-6004-5970
이메일 big_picture_41@naver.com

기   획 이강실
교정교열 김선미
디 자 인 예다움
인쇄와 제본 미래피앤피

가격 10,000원
ISBN 979-11-90976-29-9 (13710)